FUGACIDADES

Alfonso González Cachinero

Fugacidades

X Premio de Aforismos
Rafael Pérez Estrada
Renacimiento

© Alfonso González Cachinero
© 2025. Editorial Renacimiento

www.editorialrenacimiento.com
BUGANVILLA, I • 41907 VALENCINA DE LA CONCEPCIÓN (SEVILLA)
tel.: (+34) 955998232 • editorial@editorialrenacimiento.com

Dibujo de portada: Rafael Pérez Estrada,
El ángel que en las noches coloca las estrellas, 1986, 32×22 cm.

Diseño de cubierta: Equipo Renacimiento

DEPÓSITO LEGAL: SE 3068-2025 • ISBN: 979-13-87939-40-3
Impreso en España • Printed in Spain

I. INFANCIA

1.

NUNCA he sido más feliz que cuando no lo sabía.

2.

Récord mundial: al nacer todos fuimos, por un instante, la persona más joven del universo.

3.

Los niños muy traviesos llevan doble escolta de án-
geles.

4.

Nos rigen las leyes del azar. De haber nacido a unos metros de distancia habríamos seguido, como los ríos, un curso distinto.

5.

No es casualidad que la risa y el llanto sean políglotas.

6.

ALGUNOS globos sueltos eligen volver y buscar a su niño perdido.

7.

¡QUIÉN nos habría dicho, cuando estudiábamos, que tener mala memoria es indispensable para ser feliz!

8.

EN vacaciones los lunes se hacen la cirugía estética.

9.

LA diferencia entre un perro y un gato estriba en
que el perro juega contigo, mientras que el gato juega
contigo.

II. JUVENTUD

10.

LA belleza puede comprometernos más que un juramento.

11.

PERSONAS brillantes y personas que alumbran. Son distintas.

12.

Los sueños por cumplir: he ahí nuestro mejor auto-
rretrato.

13.

La única frontera es la piel.

14.

EL cuerpo es una forma de pensamiento.

15.

Para entender el laberinto hay que perderse en él.

16.

Tan pronto como la guardan, la brújula gira libremente durante horas hasta acabar exhausta, pero feliz.

17.

Eɴ el banco de un parque puede estar el Jardín del Edén.

18.

DEBERÍAMOS escribir *Torre de Pisa* siempre en cursiva.

19.

Bucear convalida volar.

20.

Hᴀʏ veletas tan rebeldes que van a su aire.

III. MADUREZ

21.

Me gusta el vino con cuerpo y viceversa.

22.

SOLO en Málaga puedes pedir sombras y nubes.

23.

Ver amanecer: asignatura obligatoria.

24.

Cuando me alejo del mar, lo hago de mí mismo.

25.

EL ángel cojo ejecuta las mejores acrobacias aéreas.

26.

Me ha costado mucho entender que los cabos sueltos son inherentes a la vida.

27.

EL perfume de la convivencia requiere algunas gotas de olvido.

28.

Algo falla cuando los sueños del tercer mundo son la pesadilla del primero.

29.

La realidad tiene el inconveniente de ser verdad.

30.

EN esta travesía todos somos emigrantes.

31.

Los hechos más cotidianos se esconden a plena luz del día.

32.

TRIUNFAR es saber que no triunfar no es fracasar.

33.

PARECE invariable el ritmo del reloj, pero va cada vez más deprisa.

34.

Los caídos del bando vencedor también pierden la guerra.

35.

Eʟ camino se mueve conmigo.

36.

INJUSTICIAS, las justas.

37.

¿CUÁNDO dejará de sonar a miedo el paso apresurado de una mujer sola?

38.

LA humillación tiene buena memoria.

39.

La justicia, ese caracol con dentellada de tiburón.

40.

El tiempo pasa y aún escucho el eco de mis palabras nunca dichas.

41.

GANAS de carnaval para quitarme el disfraz.

42.

Todavía cuando suena el teléfono un sábado temprano, pienso que es mi padre.

IV. VEJEZ

43.

Años efímeros, días interminables.

44.

EL retrovisor del pasado también tiene ángulos muertos.

45.

EL oxígeno es el veneno que actúa más despacio.

46.

Árbol torcido: monumento a la resistencia.

47.

En las catedrales también el tiempo se detiene a rezar.

48.

LA vida es una larga despedida.

49.

¿CUÁNTOS anillos tendrá mi árbol?

50.

PASEANDO revivimos al nómada que fuimos.

51.

La muerte ensaya su invisibilidad con los viejos.

52.

Los objetos antiguos tienen otro comportamiento.

53.

¿Habrá mar, más allá, para las barcas varadas?

54.

Un brindis por el único corte publicitario de la eternidad, la vida.

55.

Y el tiempo, haciendo su trabajo.

Fugacidades
DE ALFONSO GONZÁLEZ CACHINERO,
X PREMIO DE AFORISMOS
RAFAEL PÉREZ ESTRADA,
ACABÓ DE IMPRIMIRSE EL
26 DE NOVIEMBRE DE
2025